# Kindergeburtstagstorten

Barbara Lutterbeck
Stephan Bollig

# Kinder Geburtstags Torten

Weltbild

# Inhaltsverzeichnis


**Werkzeuge** 6

**Teige, Füllungen, Glasuren** 8

**Biskuitsorten** 8

Heller Biskuitboden 8
Schokoladenbiskuit 8
Karottenbiskuit 9

**Buttercreme** 9

Grundrezept 9
Kokosbuttercreme 9
Erdbeerbuttercreme 9
Schokoladenbuttercreme 10
Aprikosenbuttercreme 10
Waldmeisterbuttercreme 10
Bananenbuttercreme 10
Honigbuttercreme 10

**Glasuren** 11

Canache 11
Eiweißspritzglasur 11
Schokoladendekor 11
Modelliermarzipan 11

**Runde Torten** 13

Negerkusstorte 14
Coloradotorte 17
Gummibärchentorte 18
Obsttorte 20
Zahlentorte 23
Rüblitorte 24
Schweinchentorte 26
Clown 29
Uhrtorte 30
Namentorte 33

## Formtorten 35

Fußball 36
Drachen 39
Zahlenformtorte 40
Tropfentorte 43
Schmetterling 44
Baumtorte 46
Mohrenköpfe 49
Marienkäfer 51

## Spezialtorten 53

Colorado Spezial 54
Glückwunschbrief 57
Haus 58
Pirat 61
Springteufel 62
Bananenstaude 64
Bienenstock 67
Igel 68
Puppe 71
Lokomotive 72
Poltergeist 75

## Step by step 76

## Rezeptregister 79

## Impressum 80

# Werkzeuge

Messbecher
Plastikrührschüssel
Gummischaber
kleine Holzkochlöffel
Tortenscheibe
Küchenwaage
Spritzbeutel
Papierspritztütchen
kleine Lochtülle
große Sterntülle
große Lochtülle
kleine Sterntülle
Backpapier
Mess
große Pinsel
kleine Pinsel

Schneebesen
Metallrührschüssel
kleine Springform
DR. OETKER
MADE IN GERMANY
Rollholz
Tortengitter
große Springform
Maßband
Teigkarte,
Hörnchen,
Teigschaber
Haarsieb
kleine Plattierrolle
Palettenmesser
Palette
Zick-Zack-Ausschneide-
rädchen
Küchenmesser
Maßlöffel

Teige, Füllungen, Glasuren

# Biskuitsorten

## Heller Biskuitboden

***Zutaten für einen Biskuitboden von 20 cm Durchmesser, 5 cm hoch:***
*2 Eier*
*60 g Zucker*
*abgeriebene Schale einer ungespritzten Zitrone*
*1 Msp. Vanillezucker*
*1 Prise Salz*
*40 g Mehl*
*20 g Stärkemehl*

1 Eine Springform mit Backpapier auslegen. Den Backofen auf 160 °C vorheizen.

2 Die Eier trennen. Die Eiweiße kalt stellen. Die Eigelbe zusammen mit 40 g Zucker und den Gewürzen mit den Schneebesen eines Handrührgerätes verrühren, bis die Masse schaumig wird.

3 Separat die Eiweiße mit 20 g Zucker zu steifem Eischnee schlagen. Den Eischnee vorsichtig unter die Eigelbmasse heben. Das Mehl und das Stärkemehl vermischen, über den Eischnee sieben und vorsichtig unterheben.

4 Den Teig in die vorbereitete Springform geben und auf der mittleren Schiene des Backofens in etwa 20 Minuten backen. Die Backofentür in den ersten 15 Minuten nicht öffnen, weil sonst der Teig zusammenfallen kann.

5 Mit einem Holzstäbchen prüfen, ob der Teig gar ist. Wenn nach dem Hineinstechen und Herausziehen am Stäbchen kein Teig haftet, ist der Boden durchgebacken. Fertigen Biskuitboden mit einem Messer von der Springform lösen, das Backpapier abziehen. Abkühlen lassen.

***Zutaten für einen Biskuitboden von 24 cm Durchmesser, 5 cm hoch:***
*3 Eier*
*90 g Zucker (davon 30 g für das Eiweiß)*
*abgeriebene Schale einer ungespritzten Zitrone*
*1 Msp. Vanillezucker*
*1 Prise Salz*
*60 g Mehl*
*30 g Stärkemehl*

## Schokoladenbiskuit

***Zutaten für einen Biskuitboden von 20 cm Durchmesser, 5 cm hoch:***
*2 Eier*
*60 g Zucker*
*abgeriebene Schale einer ungespritzten Zitrone*
*1 Msp. Vanillezucker*
*1 Prise Salz*
*10 g Mehl*
*30 g dunkles, ungesüßtes Kakaopulver*

Backanleitung wie für den hellen Biskuitboden. Das Mehl mit dem Kakao vermischen.

# Buttercreme

## Karottenbiskuit

***Zutaten für einen Biskuitboden von 20 cm Durchmesser, 5 cm hoch:***
*2 Eier*
*60 g Zucker*
*abgeriebene Schale einer ungespritzten Zitrone*
*1 Msp. Vanillezucker*
*1 Prise Salz*
*40 g Mehl*
*3 mittelgroße, geschälte, geriebene Karotten*

Backanleitung wie für den hellen Biskuitboden. Das gesiebte Mehl zusammen mit den geriebenen Karotten vorsichtig unter den Teig heben.

## Grundrezept

***Zutaten für 500 g (entspricht der Menge für eine Torte, die mit zwei Schichten gefüllt und vollständig mit Buttercreme bestrichen wird):***
*100 ml Milch*
*100 g Zucker*
*1 Päckchen Vanillezucker*
*2 Eier*
*250 g Butter*

In einem Kochtopf Milch, Zucker, Vanillezucker und die Eier mit den Schneebesen eines Handrührgerätes leicht verrühren. Alles kurz aufkochen und erkalten lassen. Die streichfähige Butter schaumig schlagen. Den erkalteten Grundfond unter die schaumige Butter ziehen.

## Kokosbuttercreme

*40 g Kokosstreusel*

Die Kokosstreusel und die Buttercreme vermischen.

## Erdbeerbuttercreme

*4 EL Erdbeermarmelade*

Die Erdbeermarmelade und die Buttercreme vermischen.

## Schokoladenbutter-creme

*40 g dunkle Kuvertüre*

Die Kuvertüre im Wasserbad auflösen und mit der Buttercreme vermischen.

## Aprikosenbuttercreme

*4 EL Aprikosenmarmelade*

Die Aprikosenmarmelade mit der Buttercreme vermischen.

## Waldmeisterbutter-creme

*40 ml Waldmeister*

Waldmeister und Buttercreme vermischen.

## Bananenbuttercreme

*2 reife Bananen*

Die Bananen pürieren und mit der Buttercreme vermischen.

## Honigbuttercreme

*50 ml dünnflüssiger Honig*

Den Honig und die Buttercreme vermischen.

# Glasuren

## Canache

*200 g dunkle oder weiße Kuvertüre oder Milchkuvertüre*
*100 ml flüssige Sahne*

Die Kuvertüre grob hobeln. Sahne in einem kleinen Topf kurz aufkochen, vom Herd nehmen und die gehobelte Kuvertüre einrühren. Die gebundene Masse möglichst sofort verarbeiten. Festgewordene Canache im Wasserbad auflösen und wiederum sofort verarbeiten.

## Eiweißspritzglasur

*1 Eiweiß*
*120 g Puderzucker, gesiebt*

Das Eiweiß und den Puderzucker gründlich vermischen.

## Schokoladendekor

1 Backblech umdrehen, Boden leicht mit Wasser befeuchten und mit Klarsichtfolie überziehen.

2 Mit einem Papierspritztütchen Muster nach Wahl aufspritzen und fest werden lassen.

3 Anschließend mit der Palette andersfarbige Kuvertüre über die ganze Fläche auftragen. Das Ganze im Kühlschrank fest werden lassen.

4 Folie vorsichtig vom Boden des Backblechs abheben und das Dekor nach Bedarf brechen.

## Modelliermarzipan

***Zutaten zum Umhüllen einer runden Torte und eventuell für Dekor:***
*250 g Marzipanrohmasse*
*100 g Puderzucker (gesiebt)*
*Lebensmittelfarben (flüssig) oder*
*Kakaopulver oder*
*dunkle Kuvertüre (im Wasserbad gelöst)*

Marzipanrohmasse mit dem gesiebten Puderzucker auf einer glatten Fläche gut verkneten. Nach Bedarf und Empfinden die Lebensmittelfarben oder das Kakaopulver oder die flüssige Kuvertüre darunter mischen.

# Runde Torten

*Achten Sie beim Arbeiten mit Marzipan unbedingt auf absolute Sauberkeit, denn diese Backzutat ist ein idealer Nährboden für Bakterien.*
*Damit Torten mit geriebenen Karotten, Kokosstreuseln oder Ähnlichem gelingen, sollten Sie das Einstreumaterial mit etwas Mehl mischen. Dadurch sinkt es in der Masse nicht ab.*
*Haare aus Modelliermarzipan lassen sich gut darstellen, wenn Sie das Marzipan durch ein Haarsieb drücken und es auf der anderen Seite mit einem Messer vorsichtig abnehmen.*

# Negerkusstorte

## Zutaten

*1 heller Biskuitboden von 24 cm Durchmesser, 5 cm hoch (Rezept Seite 8)*
*500 g Buttercreme (Rezept Seite 9)*
*250 g Schokoladendekor, weiß (Rezept Seite 11)*
*1 Packung Mini-Dickmann's, gemischt*
*1 Packung Kokosdickmann's*

## Werkzeuge

*Palettenmesser*
*Tortenscheibe*
*Palette*
*Spritzbeutel mit Sterntülle*

1 Den Biskuitboden zweimal waagerecht durchschneiden.

2 Die erste Biskuitlage auf eine Tortenscheibe legen, Buttercreme aufstreichen. Die zweite Lage auflegen, ebenfalls mit Buttercreme bestreichen. Mit der dritten Lage ebenso verfahren.

3 Die Torte vollständig glatt mit Buttercreme bestreichen und 30 Minuten kalt stellen.

4 Den Tortenrand rundum mit großen Schokoladendekorstücken garnieren, die Sie oben überstehen lassen.

5 In die Mitte der Torte mit dem Spritzbeutel eine große Rosette Buttercreme (ca. 6 cm) aufspritzen.

6 Die farblich gemischten Dickmann's auf der Torte verteilen und in der Mitte stapeln. Wenn nötig, mit etwas Buttercreme aneinanderkleben.

# Coloradotorte

## Zutaten

*1 heller Biskuitboden von 24 cm Durchmesser, 5 cm hoch (Rezept Seite 8)*
*700 g Buttercreme gesamt (Rezept Seite 9), davon herstellen:*
*500 g Kokosbuttercreme (Rezept Seite 9)*
*100 g Kokosstreusel*
*20 g dunkle Kuvertüre*
*1 Tüte Haribokonfekt (Colorado)*
*Schokoladendekor, weiß (Rezept Seite 11)*

## Werkzeuge

*Palettenmesser*
*Tortenscheibe*
*Palette*
*Teelöffel*
*Spritzbeutel mit Sterntülle*

1 Den Biskuitboden zweimal waagerecht durchschneiden.

2 Die erste Biskuitlage auf eine Tortenscheibe legen, Kokosbuttercreme aufstreichen. Die zweite Lage auflegen und ebenfalls mit Kokosbuttercreme bestreichen. Mit der dritten Lage ebenso verfahren.

3 Die Torte rundum glatt mit Kokosbuttercreme bestreichen und 30 Minuten kalt stellen.

4 Den Tortenrand mit den Kokosstreuseln dekorieren.

5 Die Kuvertüre schmelzen und die Torte mit dem Teelöffel kreuz und quer abspritzen.

6 Mit der Kante des Palettenmessers einzelne Stücke markieren.

7 Die Buttercreme in den Spritzbeutel mit Sterntülle füllen, auf den Tortenrand große Rosetten aufspritzen, danach kleine Rosetten auf der Torte verteilen.

8 Das Haribokonfekt bunt gemischt auf die Rosetten setzen und die Mitte der Torte mit dem Schokoladendekor verzieren.

## Tipp

*Schmelzen Sie die Kuvertüre schonend: Erhitzen Sie das Wasser nicht zu sehr, es soll auf keinen Fall kochen. Etwa 50 °C sind ausreichend.*

# Gummibärchentorte

## Zutaten

*1 heller Biskuitboden von 24 cm Durchmesser, 5 cm hoch (Rezept Seite 8)*
*700 g Buttercreme (Rezept Seite 9)*
*1 Tüte bunte Zuckerplättchen*
*1 Tüte bunte Zuckerstreusel*
*1 Tüte Gummibärchen*
*Schokoladendekor (Rezept Seite 11)*
*1 TL gemahlene Pistazien*

## Werkzeuge

*Palettenmesser*
*Tortenscheibe*
*Palette*
*Spritzbeutel mit Sterntülle*

1 Den Biskuitboden zweimal waagerecht durchschneiden.

2 Die erste Biskuitlage auf eine Tortenscheibe legen, Buttercreme aufstreichen. Die zweite Lage auflegen, ebenfalls mit Buttercreme bestreichen. Mit der dritten Lage ebenso verfahren.

3 Die Torte rundum glatt mit Buttercreme bestreichen und 30 Minuten kalt stellen.

4 Den Tortenrand mit bunten Zuckerstreuseln und -plättchen dekorieren. Je einen Teelöffel übrig lassen.

5 Die restliche Buttercreme in den Spritzbeutel mit Sterntülle füllen und damit auf den Tortenrand eine doppelte Reihe von Rosetten spritzen.

6 Mit der Kante des Palettenmessers einzelne Stücke markieren.

7 Die Gummibärchen sternförmig mit dem Kopf nach außen auf die Rosetten setzen. Am Tortenrand auch zwischen die Rosetten Gummibärchen legen und überstehen lassen.

8 Schokoladendekor in Stücke brechen und in die Mitte der Torte stecken. Eventuell mit Gummibärchen unterstützen und ein Gummibärchen in die Mitte setzen.

9 Die Torte mit den restlichen bunten Zuckerstreuseln, -plättchen und den gemahlenen Pistazien bestreuen.

# Obsttorte

## Zutaten

*1 heller Biskuitboden von 24 cm Durchmesser, 5 cm hoch (Rezept Seite 8)*
*700 g Buttercreme (Rezept Seite 9)*
*1 Päckchen gemahlene Pistazien*
*1/2 Papaya*
*1/2 Mango*
*1 Kiwi*
*2 Erdbeeren*
*5 dunkle Weintrauben*
*1 Maracuja*
*1 Physalis (Kapstachelbeere)*

## Werkzeuge

*Palettenmesser*
*Tortenscheibe*
*Palette*
*Spritzbeutel mit Lochtülle, 4 bis 5 mm*
*scharfes Küchenmesser*
*Spritzbeutel mit Sterntülle*

## Tipp

*Suchen Sie das Obst für die Obsttorte nach Jahreszeit oder auch nach Lust und Laune aus.*

1 Den Biskuitboden zweimal waagerecht durchschneiden.

2 Die erste Biskuitlage auf eine Tortenscheibe legen, Buttercreme aufstreichen. Die zweite Lage auflegen, ebenfalls mit Buttercreme bestreichen. Mit der dritten Lage ebenso verfahren.

3 Die Torte rundum glatt mit Buttercreme bestreichen und 30 Minuten kalt stellen.

4 Den Tortenrand mit gemahlenen Pistazien dekorieren.

5 Die restliche Buttercreme halbieren und eine Hälfte in den Spritzbeutel mit der Lochtülle füllen. Auf den Tortenrand lückenlos Rosetten aufspritzen.

6 Papaya und Mango schälen, entkernen und in dünne Scheiben schneiden. Zuerst die Papayascheiben sternförmig auf die Torte legen. Dann die Mangoscheiben sternförmig auflegen und über den Rand herausragen lassen. Die Kiwi schälen und in Scheiben schneiden. Die Kiwischeiben als Rosette in die Mitte der Torte platzieren.

7 Die andere Hälfte der Buttercreme in einen Spritzbeutel mit Sterntülle füllen, zwischen die Mangoscheiben und in die Mitte der Torte Rosetten spritzen.

8 Die Erdbeeren mit Blütenkelchen achteln und auf die freien Rosetten setzen. Die Weintrauben halbieren, entkernen und mit der Schnittseite nach unten auf die Mangoscheiben legen.

9 Die Maracuja vierteln und um die mittlere Rosette legen. Auf die Rosette zuletzt die Physalis setzen.

# Zahlentorte

## Zutaten

*1 heller Biskuitboden von 24 cm Durchmesser, 5 cm hoch (Rezept Seite 8)*
*500 g Buttercreme (Rezept Seite 9)*
*50 g gehobelte, geröstete Mandeln*
*150 g Marzipanrohmasse (gesamt), davon herstellen (Rezept Seite 11):*
*30 g braunes Modelliermarzipan*
*60 g orangefarbiges Modelliermarzipan*
*30 g rotes Modelliermarzipan*
*30 g grünes Modelliermarzipan*
*20 g dunkle Kuvertüre*
*einige Goldperlen*

## Werkzeuge

*Palettenmesser*
*Tortenscheibe*
*Palette*
*Rollholz*
*kleines Likörglas*
*scharfes, spitzes Messer*
*Papierspritztütchen*

1 Den Biskuitboden zweimal waagerecht durchschneiden.

2 Die erste Biskuitlage auf eine Tortenscheibe legen, Buttercreme aufstreichen. Die zweite Lage auflegen, ebenfalls mit Buttercreme bestreichen. Mit der dritten Lage ebenso verfahren.

3 Die Torte rundum glatt mit Buttercreme bestreichen und 30 Minuten kalt stellen.

4 Den Tortenrand mit gehobelten, gerösteten Mandeln dekorieren.

5 Für die Zahl je 30 g braunes und orangefarbiges Marzipan zu etwa 1 cm dicken Schnüren rollen und als Zahl auf die Torte legen. Weitere dünnere Schnüre aus rotem und orangefarbigem Modelliermarzipan (ca. 1/2 cm) rollen, miteinander verdrehen und um die Zahl legen.

6 Für eine Rose orangefarbiges Modelliermarzipan 2 mm dünn ausrollen und mit dem Likörglas 5 Scheiben ausstechen. Die einzelnen Scheiben mit der Hand etwas platt drücken, zu Blättern formen und diese als Blüte zusammenfügen. Etwas orangefarbiges Modelliermarzipan zu einem Stempel formen und in die Mitte der Blüte stecken. Nach Wunsch und Bedarf noch eine oder weitere Blüten anfertigen.

7 Für die Blätter grünes Modelliermarzipan 2 mm dünn ausrollen. Drei tropfenförmige, ca. 2 cm große Blätter ausschneiden und mit dem Messerrücken Adern eindrücken. Die Blätter neben die Blüten legen. Den Rest des grünen Marzipans zu Stängeln formen und ebenfalls um die Rosen legen.

8 Die Kuvertüre auflösen, in ein Papierspritztütchen füllen und die Torte beliebig dekorieren (Beispiel siehe Foto). Zum Schluss die Torte mit einigen Goldperlen garnieren.

# Rüblitorte

## Zutaten

*1 Boden Karottenbiskuit von 24 cm Durchmesser, 5 cm hoch (Rezept Seite 9)*
*700 g Buttercreme (Rezept Seite 9)*
*50 g gehobelte, geröstete Mandeln*
*80 ml Karottensaft*
*16 fertige Zuckerkarotten*
*8 Schokoladenblätter*
*120 g Marzipanrohmasse (gesamt), davon herstellen (Rezept Seite 11):*
*100 g rot-gelbes Modelliermarzipan (ergibt die Karottenfarbe)*
*20 g grünes Modelliermarzipan*
*1 TL gemahlene Pistazien*
*eventuell grüne Lebensmittelfarbe*

## Werkzeuge

*Palettenmesser*
*Tortenscheibe*
*Palette*
*Spritzbeutel mit Sterntülle*
*Rollholz*
*spitzes, scharfes Messer*

1 Karottenbiskuit zweimal waagerecht durchschneiden.

2 Die erste Biskuitlage auf eine Tortenscheibe legen, Buttercreme aufstreichen. Die zweite Lage auflegen, ebenfalls mit Buttercreme bestreichen. Mit der dritten Lage ebenso verfahren.

3 Die Torte rundum glatt mit Buttercreme bestreichen und 30 Minuten kalt stellen.

4 Den Tortenrand mit gehobelten, gerösteten Mandeln dekorieren.

5 Die restliche Buttercreme mit dem Karottensaft mischen und in einen Spritzbeutel mit Sterntülle füllen.

6 An den Tortenrand acht doppelte Rosetten spritzen. Von jeder Rosette aus s-förmige Streifen zur Tortenmitte spritzen.

7 Auf die Doppelrosetten je zwei Zuckerkarotten legen, dazwischen jeweils ein Schokoladenblatt stecken.

8 Modelliermarzipan in der Karottenfarbe zu einer Karotte modellieren, mit dem Messerrücken einkerben und auf die Mitte der Torte legen.

9 Grünes Modelliermarzipan 2 mm dünn ausrollen, ein sternförmiges und ein tropfenförmiges Blatt von je ca. 2 cm Größe ausschneiden. Mit dem Messerrücken in das tropfenförmige Blatt Adern drücken. Aus der restlichen grünen Modelliermasse eine Rolle formen. Alles zusammen dekorativ oben an die Möhre setzen.

10 Die Torte mit gemahlenen Pistazien bestreuen und nach Belieben die Karotten mit grüner Lebensmittelfarbe dekorieren.

# Schweinchentorte

## Zutaten

*1 heller Biskuitboden von 24 cm Durchmesser, 5 cm hoch (Rezept Seite 8)*
*600 g Buttercreme (Rezept Seite 9)*
*300 g Marzipanrohmasse (gesamt), davon herstellen (Rezept Seite 11):*
*150 g neutrales Modelliermarzipan*
*150 g rosa Modelliermarzipan*
*30 g Eiweißspritzglasur, davon herstellen:*
*20 g weiße Eiweißspritzglasur (Rezept Seite 11)*
*10 g braune Eiweißspritzglasur (Rezept Seite 11)*
*5 g dunkles Kakaopulver*
*1 Tube Spritzfarbe blau*
*Lebensmittelfarbe blau*
*1 Tube Spritzfarbe grün*

## Werkzeuge

*Palettenmesser*
*Tortenscheibe*
*Palette*
*Rollholz*
*alter Kugelschreiber*
*2 Papierspritztütchen*
*scharfes, spitzes Messer*

Schweinchentorte

Schweinchentorte

1 Den Biskuitboden zweimal durchschneiden.

2 Die erste Biskuitlage auf eine Tortenscheibe legen, Buttercreme aufstreichen. Die zweite Lage auflegen, ebenfalls mit Buttercreme bestreichen. Mit der dritten Lage ebenso verfahren.

3 Die Torte rundum glatt mit Buttercreme bestreichen und 30 Minuten kalt stellen.

4 Neutrales Modelliermarzipan 2 bis 3 mm dünn ausrollen und die ganze Torte damit verkleiden. Die Umhüllung mit der Handfläche vorsichtig glätten und das überstehende Marzipan abschneiden.

5 Rosa Modelliermarzipan in zwei Stücke zu je 35 g und drei Stücke zu je 20 g aufteilen. Das restliche rosa Modelliermarzipan für die Ohren und Schwänzchen beiseite legen.

6 Für die Schweinchen aus jedem Stück einen Tropfen modellieren, das spitzere Ende platt drücken und mit dem Kugelschreiber die Nasenlöcher und Augenhöhlen eindrücken. Weiße Eiweißspritzglasur in ein Papierspritztütchen füllen und damit die Augenhöhlen ausfüllen. Mit brauner Eiweißspritzglasur die Pupillen aufsetzen. Die Reste jeweils als Tupfen an den Rand der Torte setzen. Den Rest rosa Marzipan mit den Händen zu Ohren und Schwänzchen formen und an den Schweinen befestigen. Die Schweinchen auf der Torte verteilen.

7 Für den Schweineteich mit blauer Spritzfarbe die Kontur des Sees zeichnen und mit blauer Lebensmittelfarbe ausmalen.

8 Mit grüner Spritzfarbe zwischen die Schweinchen Grasbüschel malen.

# Clown

## Zutaten

*1 heller Biskuitboden von 24 cm Durchmesser, 5 cm hoch (Rezept Seite 8)*
*500 g Buttercreme (Rezept Seite 9)*
*1 Tüte bunte Zuckerstreusel*
*200 g Marzipanrohmasse (gesamt), davon herstellen (Rezept Seite 11):*
*40 g grünes Modelliermarzipan*
*30 g neutrales Modelliermarzipan*
*30 g braunes Modelliermarzipan*
*40 g rotes Modelliermarzipan*
*30 g gelbes Modelliermarzipan*
*30 g rosa Modelliermarzipan*
*Gebäckschmuck mit Clownmotiv*
*1 Packung M+Ms*

## Werkzeuge

*Palettenmesser*
*Tortenscheibe*
*Palette*
*Haarsieb*
*scharfes, spitzes Messer*
*Rollholz*
*runde Ausstechförmchen, 6 cm und 8 cm Durchmesser*
*kleiner Löffel*

1 Den Biskuitboden zweimal waagerecht durchschneiden.

2 Die erste Biskuitlage auf eine Tortenscheibe legen, Buttercreme aufstreichen. Die zweite Lage auflegen, ebenfalls mit Buttercreme bestreichen. Mit der dritten Lage ebenso verfahren.

3 Die Torte vollständig mit Buttercreme bestreichen und 30 Minuten kalt stellen.

4 Den Tortenrand mit bunten Zuckerstreuseln dekorieren.

5 Für die Haare grünes Marzipan durch ein Haarsieb drücken, mit dem Messer vorsichtig abnehmen und oben auf die Torte legen.

6 Für die Augen neutrales und braunes Marzipan 2 bis 3 mm dünn ausrollen und mit dem Ausstechförmchen (6 cm Durchmesser) je zweimal ausstechen. Die Scheiben des braunen Marzipans mit dem Ausstechförmchen halbieren und auf je eine neutrale Scheibe legen. Den Rest des braunen Modelliermarzipans etwas dunkler färben, zwei kleine Kugeln formen und je eine auf die neutralen Scheiben legen. Die Augen auf das obere Drittel der Torte platzieren.

7 Für den Hut neutrales, rotes und gelbes Marzipan 2 bis 3 mm dünn ausrollen und mit dem Ausstechförmchen (8 cm Durchmesser) je eine Scheibe ausstechen. Die rote und gelbe Marzipanscheibe achteln und abwechselnd auf das neutrale Stück legen. Den Hut auf die Haare platzieren. Kleine Stücke vom roten und gelben Marzipan leicht verkneten, eine Kugel und eine kurze Schnur formen und in der Mitte des Hutes anbringen.

8 Für die Nase aus rosa Marzipan eine Kugel formen, mit dem Stiel des kleinen Löffels Nasenlöcher eindrücken und auf die Torte setzen.

9 Das restliche gelbe Marzipan ausrollen, nach der Abbildung einen Mund formen und auf die Torte legen. Den Rest des roten Marzipans zu einer dünnen Schnur rollen, damit die Kontur des Mundes formen.

10 Wangen aus Gebäckschmuck auflegen. Den Rand der Torte mit M+Ms garnieren.

# Uhrtorte

## Zutaten

*1 heller Biskuitboden von 24 cm Durchmesser, 5 cm hoch (Rezept Seite 8)*
*700 g Buttercreme (Rezept Seite 9)*
*20 g dunkles Kakaopulver*
*150 g Marzipanrohmasse (gesamt), davon herstellen (Rezept Seite 11):*
*80 g braunes Modelliermarzipan*
*30 g gelbes Modelliermarzipan*
*10 g neutrales Modelliermarzipan*
*30 g rosa Modelliermarzipan*
*50 g dunkle Kuvertüre*
*Packung Mini-M+Ms*
*1 Tube Spritzfarbe rot*
*1 Röhrchen kleine Zuckerperlen*

## Werkzeuge

*Palettenmesser*
*Tortenscheibe*
*Palette*
*Backpapier*
*Haarsieb*
*Rollholz*
*runde Ausstechförmchen, 4 cm und 6 cm Durchmesser*
*spitzes, scharfes Messer*
*kleiner Löffel*
*Papierspritztütchen*

1 Den Biskuitboden zweimal durchschneiden.

2 Die erste Biskuitlage auf eine Tortenscheibe legen, Buttercreme aufstreichen. Die zweite Lage auflegen, ebenfalls mit Buttercreme bestreichen. Mit der dritten Lage ebenso verfahren.

3 Die Torte rundum glatt mit Buttercreme bestreichen und 30 Minuten kalt stellen.

4 Die Tortenoberfläche mit Backpapier abdecken und durch ein Haarsieb das Kakaopulver auf den Tortenrand streuen. Das Backpapier wieder abnehmen und mit der Palette die Oberfläche nochmals glatt streichen.

5 Für die Haare braunes und gelbes Marzipan 2 bis 3 mm dünn ausrollen, die Haare und Locken ausschneiden und antrocknen lassen. Anschließend etwas über den Rand hinausragend auf die Torte setzen.

6 Für die Augen neutrales Marzipan ausrollen. Gelbes Marzipan mit dem Ausstechförmchen (6 cm) und neutrales Marzipan mit dem Ausstechförmchen (4 cm) ausstechen, übereinander legen und im unteren Bereich kleine Halbmonde ausstechen. Beide Scheiben unter den Haaren platzieren. Braunes Marzipan zweimal mit dem Ausstechförmchen (6 cm) ausstechen, halbieren und bündig auf den oberen Rand der Scheiben legen. Das restliche dunkle Marzipan zu zwei Kügelchen formen und als Pupillen aufsetzen.

7 Für die Nase aus rosa Marzipan eine Kugel formen, mit dem Stiel des kleinen Löffels Nasenlöcher eindrücken und sie auf die Torte setzen.

8 Kuvertüre im Wasserbad auflösen und in ein Papierspritztütchen füllen. Vorsichtig die Zahlen, Zeiger und den Wangenansatz malen.

9 Den unteren Tortenrand und den Platz über den Locken mit Mini-M+Ms dekorieren. Die Locken mit roter Spritzfarbe verzieren und die Torte mit Zuckerperlen bestreuen.

## Tipp

***Sie erleichtern sich die Arbeit, wenn Sie für die Haare und Locken Schablonen erstellen.***

# Namentorte

## Zutaten

*1 Boden Schokoladenbiskuit von 24 cm Durchmesser, 5 cm hoch (Rezept Seite 8)*
*600 g Buttercreme (Rezept Seite 9)*
*330 g Marzipanrohmasse (gesamt), davon herstellen (Rezept Seite 11):*
*150 g neutrales Modelliermarzipan*
*100 g braunes Modelliermarzipan*
*30 g rotes Modelliermarzipan*
*10 g gelbes Modelliermarzipan*
*40 g grünes Modelliermarzipan*
*20 g weiße Schokolade*
*1 Packung Goldperlen*
*1 Packung Silberperlen*
*20 g Hippenmasse*
*1 Stiel Johannisbeeren*
*1 Kiwischeibe, 1 Mangoscheibe*
*1 Erdbeerscheibe*
*1 TL Puderzucker*

## Werkzeuge

*Palettenmesser*
*Tortenscheibe*
*Palette, Rollholz*
*scharfes, spitzes Messer*
*Papierspritztütchen*
*kleines Likörglas*
*Backpapier, kleines Haarsieb*

1 Den Biskuitboden zweimal waagerecht durchschneiden.

2 Die erste Biskuitlage auf eine Tortenscheibe legen, Buttercreme aufstreichen. Die zweite Lage auflegen, ebenfalls mit Buttercreme bestreichen. Mit der dritten Lage ebenso verfahren

3 Die Torte rundum glatt mit Buttercreme bestreichen und 30 Minuten kalt stellen.

4 Das neutrale Modelliermarzipan 2 bis 3 mm dünn ausrollen und die ganze Torte damit verkleiden. Die Umhüllung mit der Handfläche vorsichtig glätten und überstehendes Marzipan abschneiden.

5 Braunes Modelliermarzipan ausrollen, ein geschwungenes Rechteck mit Spitzen ausschneiden (siehe Foto) und mittig auf die Torte legen.

6 Die weiße Schokolade im Wasserbad auflösen, in ein Papierspritztütchen füllen und den gewünschten Namen auf das Rechteck spritzen. Zügig die Goldperlen aufsetzen.

7 Oberhalb des Rechtecks mit der weißen Schokolade weitere Verzierungen spritzen und Silberperlen aufsetzen.

8 Für die Rose rotes Modelliermarzipan 2 mm dünn ausrollen und mit dem Likörglas 5 Scheiben ausstechen. Die einzelnen Scheiben mit der Hand etwas platt drücken und zu Blättern formen. Die Blätter zu einer Blüte zusammenfügen und unterhalb des Rechtecks auf die Torte setzen. Gelbes Modelliermarzipan zu einem Blütenstiel formen und in die Mitte der Blüte stecken.

9 Für die Blätter grünes Modelliermarzipan 2 mm dünn ausrollen, drei tropfenförmige, ca. 2 cm große Blätter ausschneiden und mit dem Messerrücken Adern eindrücken. Die Blätter um die Blüte legen.

10 Ein Blech mit Backpapier auslegen. 20 g Hippenmasse zu zwei Kreisen (ca. 10 cm Durchmesser) aufstreichen und bei 180 °C goldbraun backen. Die Masse im heißen Zustand verbiegen und an den oberen Rand der Torte stecken.

11 Das Obst als Garnitur auflegen und den Puderzucker durch ein Haarsieb dekorativ auf die Torte streuen.

# Formtorten

*Bei der Verarbeitung von Marzipan ist es wichtig, ausreichende Kühl- bzw. Trockenzeiten einzuhalten. Nur dann behält das Marzipan seine Festigkeit und seine typische Konsistenz. So brauchen Dekor und Figuren eine Trockenzeit von bis zu einem Tag, damit sie nicht wieder zusammensinken. Modelliermarzipan sollte nie in Verbindung mit Weizenmehl kommen, da es sonst klebt. Rollen Sie das Modelliermarzipan deshalb auf einer glatten Fläche aus, die mit Maisstärke bestreut wurde.*

*In Klarsichtfolie verpackt, dunkel und kühl gelagert, ist Modelliermarzipan gut haltbar und lässt sich auch für die nächste Torte wieder gut verarbeiten.*

# Fußball

## Zutaten

*1 Boden Schokoladenbiskuit von 24 cm Durchmesser, 5 cm hoch (Rezept Seite 8)*
*500 g Buttercreme (Rezept Seite 9)*
*300 g Marzipanrohmasse (gesamt), davon herstellen (Rezept Seite 11):*
*200 g neutrales Modelliermarzipan*
*100 g braunes Modelliermarzipan*

## Werkzeuge

*Palettenmesser*
*runde, bauchige Teig- oder Salatschüssel, 20 cm Durchmesser, 15 cm tief*
*Klarsichtfolie*
*Palette*
*Tortenscheibe*
*Rollholz*
*scharfes, spitzes Messer*

1 Den Biskuitboden viermal waagerecht durchschneiden.

2 Die Schüssel von innen leicht mit Wasser befeuchten und mit Klarsichtfolie auskleiden.

3 Eine Biskuitlage bis zur Mitte einschneiden und überlappend in die Schüssel geben, mit der Palette die Buttercreme aufstreichen. Die nächste Biskuitlage einschneiden, auflegen usw. Bevor die letzte Lage Biskuit aufgelegt wird, die Creme-Oberfläche glatt streichen. Den überstehenden Rand der letzten Lage rundherum abschneiden.

4 Die Schüssel mit Klarsichtfolie abdecken, eine Tortenscheibe auflegen und gestürzt 30 Minuten kalt stellen.

5 Neutrales Modelliermarzipan 2 bis 3 mm dünn ausrollen und die ganze Torte damit verkleiden. Alles mit der Handfläche vorsichtig glätten und das überstehende Marzipan abschneiden.

6 Braunes Modelliermarzipan ebenfalls 2 bis 3 mm dünn ausrollen und Achtecke ausschneiden, dazu eventuell eine Schablone anfertigen. Die Achtecke gleichmäßig auf der Torte verteilen.

7 Für den Fußballschuh etwa 30 g neutrales Marzipan zu einem Kegel formen und mit dem Daumen an einem Ende ein Loch eindrücken. Etwa 10 g braunes Modelliermarzipan auf glatter Fläche zu einer dünnen Schnur rollen, sie in vier gleiche Stücke (1 cm) und ein längeres (3 cm) Stück schneiden und als Schnürsenkel auflegen. Die Reste der Schnur mit dem Messer platt drücken, kleine Rechtecke ausschneiden und an die Seite des Schuhs kleben.

8 Das übrige neutrale und braune Modelliermarzipan jeweils zu einer 40 cm langen Schnur rollen, miteinander verdrehen und um die Torte legen.

# Drachen

## Zutaten

*1 heller Biskuitboden von 24 cm Durchmesser, 5 cm hoch (Rezept Seite 8)*
*600 g Buttercreme (Rezept Seite 9)*
*1 Päckchen bunte Zuckerperlen*
*325 g Marzipanrohmasse (gesamt), davon herstellen (Rezept Seite 11):*
*30 g neutrales Modelliermarzipan*
*70 g gelbes Modelliermarzipan*
*75 rotes Modelliermarzipan*
*75 g grünes Modelliermarzipan*
*75 g braunes Modelliermarzipan*
*1 Päckchen bunte Zuckerpuppen*

Drachen

## Werkzeuge

*scharfes, spitzes Messer*
*Palettenmesser*
*Palette*
*Tortenscheibe*
*Rollholz*

1 Den Biskuitboden vorsichtig rautenförmig ausschneiden und zweimal waagerecht durchschneiden.

2 Zwischen die Lagen Buttercreme füllen und den Formbiskuitboden vollständig mit Buttercreme bestreichen. Die Torte 30 Minuten kalt stellen.

3 Den Tortenrand mit bunten Zuckerperlen dekorieren.

4 Neutrales und gelbes Modelliermarzipan so verkneten, dass ein Marmoreffekt entsteht. Das Marzipan 2 bis 3 mm dünn ausrollen und ebenfalls rautenförmig ausschneiden. Das Marzipan auf die Torte legen.

5 Rotes und grünes Modelliermarzipan jeweils zu 80 cm langen Schnüren rollen, miteinander verdrehen und auf dem Tortenrand platzieren.

6 Braunes Modelliermarzipan zu einer 40 cm langen Schnur rollen und als Lattenkreuz auf die Torte legen.

7 Entlang des Kreuzes Goldperlen platzieren und mit den Zuckerpuppen die Torte dekorieren.

Drachen

# Zahlenformtorte

## Zutaten

*1 heller Biskuitboden von 24 cm Durchmesser, 5 cm hoch (Rezept Seite 8)*
*500 g Buttercreme (Rezept Seite 9)*
*300 g Marzipanrohmasse (gesamt), davon herstellen (Rezept Seite 11):*
*200 g neutrales Modelliermarzipan*
*100 g gelbes Modelliermarzipan*
*100 g dunkle Kuvertüre*
*100 g weiße Kuvertüre*
*1 Päckchen Silberperlen*

## Werkzeuge

*kleiner Teller, 15 cm Durchmesser*
*Palettenmesser*
*Tortenscheibe*
*Palette*
*Rollholz*
*Backpinsel*
*Zick-Zack-Ausschneiderädchen*
*Papierspritztütchen*
*scharfes, spitzes Messer*

1 Den Biskuitboden vorsichtig mit Hilfe des kleinen Tellers in der Form einer Acht ausschneiden und einmal waagerecht durchschneiden.

2 Zwischen die Lagen Buttercreme füllen und den Biskuitboden vollständig mit Buttercreme bestreichen. Die Torte 30 Minuten kalt stellen.

3 Neutrales Modelliermarzipan 2 bis 3 mm dünn ausrollen und die ganze Torte damit verkleiden. Die Umhüllung vorsichtig mit der Handfläche glätten und überstehendes Marzipan abschneiden.

4 Dunkle und weiße Kuvertüre im Wasserbad auflösen. Mit dem Pinsel die dunkle Kuvertüre auf den Tortenrand streichen. Die weiße Kuvertüre auf die Tortenoberfläche pinseln. Den dunklen Rand wiederum mit weißer Kuvertüre betupfen.

5 Gelbes Modelliermarzipan ausrollen und mit dem Zick-Zack-Ausschneiderädchen ein Rechteck von etwa 7 cm x 12 cm ausschneiden.

6 Mit dem Papierspritztütchen und der restlichen dunklen Kuvertüre den Geburtstagsgruß schreiben und das Rechteck nach Belieben dekorieren.

7 Das Rechteck auf die Torte legen und diese mit Silberperlen dekorieren.

Herzlichen
Glückwunsch

Herzlichen
Glückwunsch

# Tropfentorte

## Zutaten

*2 helle Biskuitböden von 20 cm Durchmesser, 5 cm hoch (Rezept Seite 8)*
*600 g Buttercreme (Rezept Seite 9)*
*200 g neutrales Modelliermarzipan (Rezept Seite 11)*
*300 g Canache aus dunkler Kuvertüre (Rezept Seite 11)*
*50 g Milchkuvertüre*
*30 g weiße Kuvertüre*
*1 Blatt Schokoladendekor, weiß (Rezept Seite 11)*

## Werkzeuge

*Teller, 20 cm Durchmesser*
*scharfes, spitzes Messer*
*Palettenmesser*
*Tortenscheibe*
*Palette*
*Rollholz*
*Tortengitter*
*2 Papierspritztütchen*

1 Einen Biskuitboden mit Hilfe des Tellers mit dem Messer zu einer Tropfenspitze schneiden.

2 Formbiskuit und Biskuitboden zweimal waagerecht durchschneiden. Zwischen die Lagen Buttercreme füllen und die Biskuitböden vollständig mit Buttercreme bestreichen. Die Teile zu einem Tropfen zusammenfügen und 30 Minuten kalt stellen.

3 Neutrales Modelliermarzipan 2 bis 3 mm dünn ausrollen und die ganze Torte damit verkleiden. Die Umhüllung vorsichtig mit der Handfläche glätten und überstehendes Marzipan abschneiden.

4 Die Canache im Wasserbad auflösen. Die Torte auf das Tortengitter legen und vollständig mit der Canache übergießen.

5 Alles 5 Minuten abtropfen lassen und 10 Minuten kalt stellen.

6 Die Kuvertüren im Wasserbad schmelzen und in die Papierspritztütchen füllen.

7 Mit der weißen Kuvertüre den Tropfen dekorativ nachzeichnen und mit der Milchkuvertüre den Geburtstagsgruß schreiben. Die Tropfentorte kann man nach Belieben mit Ornamenten schmücken.

8 Die Torte mit dem weißen Schokoladendekorblatt garnieren.

# Schmetterling

## Zutaten

*1 heller Biskuitboden von 24 cm Durchmesser, 5 cm hoch (Rezept Seite 8)*
*600 g Buttercreme (Rezept Seite 9)*
*1 Päckchen bunte Zuckerblumen*
*350 g Marzipanrohmasse (gesamt), davon herstellen (Rezept Seite 11):*
*150 g grünes Modelliermarzipan*
*100 g gelbes Modelliermarzipan*
*100 g braunes Modelliermarzipan*
*30 g rosa Modelliermarzipan*
*50 g Milchkuvertüre*
*30 g weiße Kuvertüre*

## Werkzeuge

*scharfes, spitzes Messer*
*2 Dessertschüsseln, ca. 9 cm und 12 cm Durchmesser*
*Palettenmesser*
*Palette*
*Tortenscheibe*
*Rollholz*
*2 Papierspritztütchen*

1 Den Biskuitboden mit Hilfe der Dessertschüsseln in Form eines Schmetterlings ausschneiden und zweimal waagerecht durchschneiden.

2 Zwischen die Lagen Buttercreme füllen und den Boden vollständig mit Buttercreme bestreichen. Die Torte 30 Minuten kalt stellen.

3 Den Tortenrand mit Zuckerblumen bekleben.

4 Grünes und gelbes Modelliermarzipan 2 bis 3 mm dünn ausrollen, die Flügel mit Hilfe der Dessertschüsseln ausschneiden und auf die Torte legen.

5 Braunes Modelliermarzipan zu einem Schmetterlingsrumpf formen, eventuell mit dem Messer quer einkerben, und mittig auf die Torte legen.

6 Das rosa Modelliermarzipan halbieren, mit den Händen zu zwei Scheiben formen und auf die Lücken am Schmetterlingsrumpf setzen.

7 Die Kuvertüren im Wasserbad schmelzen und in die Papierspritztütchen füllen.

8 Mit der Milchkuvertüre den äußeren Rand mit Tupfen dekorieren und die Augen malen.

9 Mit der weißen Kuvertüre die Torte mit beliebigen Ornamenten dekorieren.

## Tipp

Wenn Sie bisher wenig Übung mit der Verzierung von Torten mit Kuvertüre oder Schokolade haben, sollten Sie die Dekoration zunächst mit Zahnpasta oder Nutella auf ein Brettchen spritzen.

# Baumtorte

## Zutaten

*1 heller Biskuitboden von 24 cm Durchmesser, 5 cm hoch (Rezept Seite 8)*
*830 g Buttercreme gesamt (Rezept Seite 9), davon herstellen:*
*150 g Schokoladenbuttercreme (Rezept Seite 10)*
*100 g Waldmeisterbuttercreme (Rezept Seite 10)*
*80 g Aprikosenbuttercreme (Rezept Seite 10)*
*1 Päckchen bunter Zuckerstreu*
*1 Päckchen weiße Zuckerperlen*
*1 TL Kokosstreusel*

Baumtorte

## Werkzeuge

*spitzes, scharfes Messer*
*Palettenmesser*
*Palette*
*Tortenscheibe*
*Spritzbeutel mit Lochtülle*
*Spritzbeutel mit Sterntülle*

1 Den Biskuitboden vorsichtig in der Form eines Baumes ausschneiden und zweimal waagerecht durchschneiden.

2 Zwischen die Lagen Buttercreme füllen und den Formbiskuitboden ganz mit Buttercreme bestreichen. Die Torte 30 Minuten kalt stellen.

3 Die verschiedenen Buttercremesorten mit den Spritzbeuteln mit Lochtülle buntgemischt auf den oberen Teil des Baumes spritzen.

4 Die restliche Schokoladenbuttercreme mit dem Spritzbeutel mit Sterntülle als Baumstamm auftragen.

5 Den oberen Teil des Baumes mit Zuckerstreu und -perlen bestreuen und den Baumstamm mit Kokosstreuseln garnieren.

Baumtorte

# Mohrenköpfe

## Zutaten für 5 Mohrenköpfe

*300 g Biskuitreste (Rezept Seite 8)*
*300 g Buttercreme (Rezept Seite 9)*
*300 g Canache aus dunkler Kuvertüre (Rezept Seite 11)*
*100 g gehobelte, geröstete Mandeln*
*200 g Marzipanrohmasse (gesamt), davon herstellen (Rezept Seite 11):*
*50 g rosa Modelliermarzipan*
*50 g grünes Modelliermarzipan*
*25 g neutrales Modelliermarzipan*
*50 g gelbes Modelliermarzipan*
*25 g braunes Modelliermarzipan*
*eventuell 20 g Eiweißspritzglasur (Rezept Seite 11)*

## Werkzeuge

*scharfes, spitzes Messer*
*5 runde Formen, ca. 9 cm Durchmesser (Dessertschüssel oder großes Weinglas)*
*Klarsichtfolie*
*Tortengitter*
*alter Kugelschreiber*
*Rollholz*
*Likörglas*

1 Den Biskuit in Würfel schneiden und mit der Buttercreme vermischen.

2 Die runden Formen innen leicht befeuchten und mit der Klarsichtfolie auskleiden.

3 Die Biskuit-Buttercreme-Mischung in die Formen füllen, leicht zusammenpressen und 30 Minuten kalt stellen.

4 Die Masse mit der überstehenden Klarsichtfolie vorsichtig aus der Form ziehen und gestürzt auf ein Tortengitter setzen.

5 Canache im Wasserbad auflösen und damit die Mohrenköpfe übergießen.

6 Die Mohrenköpfe 5 Minuten abtropfen lassen und 10 Minuten kalt stellen.

7 Die Unterseite und den unteren Rand der Mohrenköpfe mit Mandeln bekleben.

8 Für die Nasen rosa Modelliermarzipan zu fünf Kugeln formen. Mit dem alten Kugelschreiber je zwei Nasenlöcher eindrücken und die Nasen auf die Mohrenköpfe kleben.

9 Für die Münder beliebiges Modelliermarzipan zu einer dünnen Rolle formen, in etwa 5 cm große Stücke schneiden und an den Enden zuspitzen. Die Rollen kreisförmig, einfach oder doppelt geschwungen als Münder unter die Nasen setzen.

10 Für die Augen neutrales und gelbes Modelliermarzipan ausrollen. Mit dem Likörglas aus dem neutralen zwei und aus dem gelben Modelliermarzipan eine Scheibe ausstechen. Die gelbe Scheibe in der Mitte durchschneiden, die Hälften jeweils bündig auf die neutralen Scheiben legen und als Augen auf die Mohrenköpfe legen. Aus braunem Modelliermarzipan zwei kleine Kugeln formen und als Pupillen aufsetzen.

11 Beliebiges Modelliermarzipan zu Kegeln, Kugeln und Fladen formen und als Hüte aufsetzen. Wieder beliebiges Modelliermarzipan zu Kügelchen und Rollen formen und damit die Hüte dekorieren. Bei Bedarf Eiweißspritzglasur als Klebemittel verwenden und eventuell die Mohrenköpfe damit dekorieren.

# Marienkäfer

## Zutaten

*1 heller Biskuitboden von 24 cm Durchmesser, 5 cm hoch (Rezept Seite 8)*
*600 g Erdbeerbuttercreme (Rezept Seite 9)*
*525 g Marzipanrohmasse (gesamt), davon herstellen (Rezept Seite 11):*
*300 g rotes Modelliermarzipan*
*150 g braunes Modelliermarzipan*
*75 g gelbes Modelliermarzipan*

## Werkzeuge

*scharfes, spitzes Messer*
*Palettenmesser*
*Tortenscheibe*
*Palette*
*Rollholz*
*Dessertschüssel, ca. 12 cm Durchmesser*
*Satz runde Ausstechförmchen*
*kleines Likörglas*

1 Den Biskuitboden vorsichtig oval ausschneiden. Durch gleichmäßiges Abschneiden und Abrunden nach oben die Form eines Käfers bilden (siehe Foto).

2 Den Formbiskuitboden zweimal waagerecht durchschneiden.

3 Zwischen die Lagen Erdbeerbuttercreme füllen und den Biskuitboden vollständig damit bestreichen. Obenauf eventuell noch etwas Erdbeerbuttercreme aufformen, um die halbeiförmige Gestalt zu erreichen. Die Torte 30 Minuten kalt stellen.

4 Rotes Modelliermarzipan 2 bis 3 mm dünn ausrollen und die Torte damit einschlagen. Das überstehende Marzipan abschneiden.

5 Für die Nase braunes Modelliermarzipan 2 mm dünn ausrollen und mit der Dessertschüssel ausstechen. Die Scheibe zu zwei Dritteln auf das schmalere Ende der Torte legen und unten bündig abschneiden.

6 Für die Augen gelbes Modelliermarzipan ausrollen und mit dem Ausstechförmchen (ca. 4 bis 5 cm Durchmesser) aus dem gelben Marzipan zwei Scheiben und aus dem restlichen roten Modelliermarzipan eine Scheibe ausstechen. Die rote Scheibe in der Mitte durchschneiden, die Hälften jeweils bündig auf die gelben Scheiben legen und diese als Augen auf der Torte platzieren. Das restliche gelbe Modelliermarzipan zu zwei etwa 7 cm langen, spitz zulaufenden Rollen formen und als Augenbrauen auflegen. Aus rotem Modelliermarzipan zwei Kügelchen formen und als Pupillen auf die Augen setzen.

7 Für den Mund rotes Modelliermarzipan zu einer etwa 8 cm langen, spitz zulaufenden Rolle formen und als Mund auflegen.

8 Die Punkte des Marienkäfers mit verschieden großen Ausstechförmchen und mit dem kleinen Likörglas ausstechen und auf dem Rücken willkürlich verteilen.

# Spezialtorten

*Wenn Sie nicht viel Zeit haben, aber trotzdem eine dekorative Torte machen wollen, bestellen Sie den Biskuitboden doch einfach bei Ihrem Bäcker oder Konditor. Dort erhalten Sie auch farbiges Modelliermarzipan und fertiges Marzipandekor in den verschiedensten Motiven und Formen. Sehr praktisch für das komplette Umhüllen einer Torte mit Marzipan sind auch vorbereitete Marzipandecken, die im gut sortierten Lebensmittelhandel erhältlich sind.*

# Colorado Spezial

## Zutaten

*1 heller Biskuitboden von 24 cm Durchmesser, 5 cm hoch (Rezept Seite 8)*
*1 heller Biskuitboden von 20 cm Durchmesser, 5 cm hoch (Rezept Seite 8)*
*800 g Buttercreme gesamt (Rezept Seite 9), davon herstellen:*
*300 g Schokoladenbuttercreme (Rezept Seite 10)*
*1 große Packung Haribo Colorado*
*1 Blatt Schokoladendekor, weiß (Rezept Seite 11)*
*20 g Milchkuvertüre*
*20 g weiße Kuvertüre*

## Werkzeuge

*Palettenmesser*
*Palette*
*Tortenscheibe*
*Spritzbeutel mit Sterntülle*
*Spritzbeutel mit Lochtülle*
*scharfes, spitzes Messer*

1 Den größeren Biskuitboden (Durchmesser 24 cm) zweimal waagerecht durchschneiden. Zwischen die Lagen Buttercreme füllen und den Biskuitboden vollständig mit Buttercreme bestreichen. Den Boden 30 Minuten kalt stellen.

2 Den kleineren Biskuitboden (Durchmesser 20 cm) mittig auf den größeren legen.

3 Buttercreme in den Spritzbeutel mit Sterntülle füllen und den unteren Rand der Torte im Abstand von 2 cm mit Rosetten betupfen. Die ganze Torte nach oben hin mit Rosetten und Rosettenstreifen dekorieren.

4 Schokoladenbuttercreme in den Spritzbeutel mit Sterntülle füllen und die größeren Lücken mit Rosetten auffüllen.

5 Die restliche Schokoladenbuttercreme in den Spritzbeutel mit Lochtülle füllen und die kleineren Lücken damit auffüllen.

6 Die ganze Torte mit Haribo Colorado dekorieren. Dabei Farben und Formen sortieren.

7 Das Blatt Schokoladendekor oben in die Torte stecken.

8 Milchkuvertüre und weiße Kuvertüre mit dem Messer abschaben und die Torte damit bestreuen.

Colorado Spezial

Alles Gute
zum
Geburtstag

# Glückwunschbrief

## Zutaten

*1 heller Biskuitboden von 24 cm Durchmesser, 5 cm hoch (Rezept Seite 8)*
*1 heller Biskuitboden von 20 cm Durchmesser, 5 cm hoch (Rezept Seite 8)*
*500 g Buttercreme (Rezept Seite 9)*
*320 g Marzipanrohmasse (gesamt), davon herstellen (Rezept Seite 11):*
*300 g neutrales Modelliermarzipan*
*20 g gelbes Modelliermarzipan*
*100 g Canache aus Milchkuvertüre (Rezept Seite 11)*
*100 g Canache aus weißer Kuvertüre (Rezept Seite 11)*
*20 g dunkle Kuvertüre*
*1 Blatt Schokoladendekor, weiß (Rezept Seite 11)*
*20 g gehobelte Mandeln*

Glückwunschbrief

## Werkzeuge

*Palettenmesser*
*2 Tortenscheiben*
*Palette*
*Rollholz*
*2 Tortengitter*
*Zick-Zack-Ausschneiderädchen*
*Papierspritztütchen*
*rundes Ausstechförmchen, 4 cm Durchmesser*

Glückwunschbrief

1 Den größeren Biskuitboden zweimal waagerecht durchschneiden. Zwischen die Lagen Buttercreme füllen, die Torte vollständig mit Buttercreme bestreichen und 30 Minuten kalt stellen.

2 Den kleineren Biskuitboden mit Buttercreme bestreichen und ebenfalls 30 Minuten kalt stellen.

3 Vom neutralen Modelliermarzipan 250 g etwa 2 mm dünn ausrollen und beide Torten damit möglichst faltenfrei umhüllen. Den überstehenden Rand abschneiden.

4 Die Torten auf Tortengitter legen.

5 Beide Sorten Canache im Wasserbad auflösen und ineinander gießen. Dabei nicht rühren, damit ein Marmoreffekt entsteht. Die Torten vollständig mit der zweifarbigen Canache übergießen. Vorsichtig am Tortengitter rütteln, sodass ein möglichst dünner Überzug entsteht. Alles mindestens 10 Minuten trocknen lassen und dann die kleinere Torte mit dem Palettenmesser mittig auf die größere Torte legen.

6 Das restliche neutrale Modelliermarzipan ausrollen und mit dem Zick-Zack-Ausschneiderädchen ein Rechteck von etwa 9 cm x 15 cm ausschneiden.

7 Den Geburtstagsgruß mit dem Papierspritztütchen und der aufgelösten dunklen Kuvertüre schreiben. Das Rechteck nach Belieben dekorieren und anschließend auf die Torte legen.

8 Für die Rose gelbes Modelliermarzipan 2 mm dünn ausrollen und mit dem Ausstechförmchen 5 Scheiben ausstechen. Aus dem restlichen Marzipan einen Stempel formen. Die einzelnen Scheiben mit der Hand flach drücken und zu Blättern formen. Die Blätter als Blüte um den Stempel zusammenfügen und auf dem Rechteck platzieren.

9 Das Schokoladendekor in zehn kleine und ein größeres Stück brechen. Die kleinen Stücke zwischen die Torten stecken, das größere Stück oben auf die Torte setzen.

10 Den unteren Rand der beiden Torten mit gehobelten Mandeln dekorieren.

# Haus

## Zutaten

*1 heller Biskuitboden von 24 cm Durchmesser, 5 cm hoch (Rezept Seite 8)*
*600 g Buttercreme (Rezept Seite 9)*
*600 g Marzipanrohmasse (gesamt), davon herstellen (Rezept Seite 11):*
*300 g neutrales Modelliermarzipan*
*200 g gelbes Modelliermarzipan*
*100 g rotes Modelliermarzipan*
*400 g dunkle Kuvertüre*
*10 g Eiweißspritzglasur (Rezept Seite 11)*
*1 Päckchen Goldperlen*
*eventuell einige Zuckerperlen*

## Werkzeuge

*Palettenmesser, Palette*
*Tortenscheibe, Rollholz*
*Pinsel (2 bis 3 cm breit)*
*scharfes, spitzes Messer*
*rundes Ausstechförmchen, 1 cm Durchmesser*
*kleiner Löffel*

1 Den Biskuitboden in der Form eines Hauses ausschneiden und zweimal waagerecht durchschneiden. Aus dem restlichen Biskuit einen Schornstein in der Größe von 3 cm x 6 cm ausschneiden und an einer kürzeren Seite im Winkel des Daches anschrägen.

2 Zwischen die Lagen Buttercreme füllen, den Schornstein und die Torte vollständig mit Buttercreme bestreichen. 30 Minuten kalt stellen.

3 Neutrales Modelliermarzipan ausrollen und die Torte damit faltenfrei umhüllen. Das überstehende Marzipan abschneiden.

4 Die Kuvertüre im Wasserbad auflösen und mit dem Pinsel auftragen. Dabei mit dem Pinsel immer wieder über die gleiche Stelle streichen, bis die Kuvertüre langsam fester wird. Den Schornstein auf die gleiche Weise bestreichen und mit der Schräge an das Dach setzen.

5 Aus dem ausgerollten neutralen Modelliermarzipan eine Tür und zwei Fenster ausschneiden und auflegen.

6 Gelbes Modelliermarzipan zu einer langen Rolle formen und das Haus damit umranden, dabei den Dachbereich aussparen.

7 Die Haustür und die Fenster ebenfalls mit der gelben Marzipanrolle umranden. Den unteren Rand der Fenster mit separaten Stücken begrenzen. So sehen die Fenster aus wie Augen. Die Tür mit einem Stück der gelben Marzipanrolle teilen, Türklinke formen und auflegen.

8 Für die Augen gelbes Modelliermarzipan 2 mm dünn ausrollen und mit dem Ausstechförmchen zwei Kreise (1 cm Durchmesser) ausstechen. Die Marzipanscheiben als Augen auflegen. Rotes Modelliermarzipan zu zwei Kugel formen und auflegen.

9 Für die Nase 50 g rotes Modelliermarzipan zu einer Kugel formen, mit dem Stiel des kleinen Löffels Nasenlöcher eindrücken und auf das Haus platzieren.

10 Für das Dach die Reste des roten und gelben Modelliermarzipans grob verkneten und 2 mm dünn ausrollen. Das Marzipan so auf den Giebel legen, dass es knapp über die Augen reicht. Das Marzipan oben bündig abschneiden, am unteren Rand Wellen modellieren.

11 Mit Eiweißspritzglasur Goldperlen auf die Augen und eine Seite der Tür kleben. Mit weiteren Goldperlen und nach Belieben einigen Zuckerperlen die Torte dekorieren.

# Pirat

## *Zutaten*

*1 heller Biskuitboden von 24 cm Durchmesser, 5 cm hoch (Rezept Seite 8)*
*550 g Buttercreme (Rezept Seite 9)*
*700 g Marzipanrohmasse (gesamt), davon herstellen (Rezept Seite 11):*
*250 g neutrales, 270 g braunes, 30 g gelbes, 150 g rosa Modelliermarzipan*
*10 g weiße, 20 g dunkle Kuvertüre*
*1 Päckchen Goldperlen*

Pirat

## *Werkzeuge*

*runde, bauchige Teig- oder Salatschüssel, 20 cm Durchmesser, 15 cm tief*
*Palettenmesser, Klarsichtfolie*
*Palette, Tortenscheibe, Rollholz*
*Teller, 15 cm Durchmesser*
*scharfes, spitzes Messer, kleiner Löffel*
*runde Ausstechförmchen, 1 cm und 6 cm Durchmesser, 2 Papierspritztütchen*

1 Die Schüssel innen leicht mit Wasser befeuchten und mit Klarsichtfolie auskleiden. Die Torte in der Schüssel wie auf Seite 78 beschrieben formen (Spezialtorten – formen und verkleiden). Die Torte 30 Minuten kalt stellen, sie vorsichtig mit der Klarsichtfolie aus der Schüssel heben und auf eine Tortenscheibe legen.

2 Neutrales Modelliermarzipan 2 bis 3 mm dünn ausrollen und die ganze Torte damit verkleiden. Die Umhüllung vorsichtig mit der Handfläche glätten und überstehendes Marzipan abschneiden.

3 Für das Kopftuch 150 g braunes Marzipan 2 bis 3 mm dünn ausrollen, mit dem Teller und dem Messer ausschneiden. Das obere Drittel der Torte mit dem Marzipan bedecken und den überstehenden Rand abschneiden. Die Kante des Kopftuchs in regelmäßigen Abständen mit dem Messer anheben und mit den Fingern kräuseln. Für den Mund gelbes Modelliermarzipan 2 mm dünn ausrollen, mit dem Förmchen (6 cm) ausstechen und halbieren. Marzipan mit der Rundung nach unten an den unteren Tortenrand setzen.

4 Für das Auge und die Augenklappe zwei Scheiben braunes und eine Scheibe gelbes Modelliermarzipan in der Größe von 6 cm ausstechen. Eine braune Scheibe als Klappe auflegen. Die gelbe Scheibe mit dem Förmchen unten abschneiden. Neutrales Marzipan mit dem Förmchen (1 cm) ausstechen und rechts unten auf die gelbe Scheibe legen. Die zweite Scheibe braunes Marzipan halbieren und bündig oben auf die gelbe Scheibe legen. Eine kleine Kugel aus braunem Marzipan als Pupille aufkleben. Braunes Marzipan zu einer 30 cm langen Schnur formen und als Band an die Augenklappe legen.

5 Für den Schnauzbart etwa 60 g braunes Marzipan zu einer an beiden Enden spitz zulaufenden Rolle formen. Sie zweimal s-förmig biegen und als Schnauzer über den Mund legen. Für die Nase aus 50 g rosa Marzipan einen Kegel formen, auf eine glatte Fläche drücken. Mit dem Stiel des kleinen Löffels Nasenlöcher eindrücken und auf die Torte geben. Für die Ohren jeweils 50 g rosa Marzipan zu zwei Kugeln formen, mit dem Löffel eindrücken und als Ohren ansetzen.

Pirat

6 Für den Knoten des Kopftuchs das restliche braune Marzipan dritteln und zu einer Kugel und zwei spitzen, langen Tropfen formen. Alles als Knoten zusammenfügen und seitlich an die Torte setzen. Kopftuch mit Goldperlen dekorieren.

7 Beide Kuvertüren schmelzen und in Papierspritztütchen füllen. Mit der weißen Kuvertüre die Zähne malen und die Augenklappe mit Punkten versehen. Mit der dunklen Kuvertüre Bartstoppeln, Narben und Mundumrandung malen.

# Springteufel

## Zutaten

*1 heller Biskuitboden von 24 cm Durchmesser, 5 cm hoch (Rezept Seite 8)*
*600 g Buttercreme (Rezept Seite 9)*
*1 Päckchen Zuckerperlen*
*300 g Marzipanrohmasse (gesamt), davon herstellen (Rezept Seite 11):*
*100 g gelbes, 150 g braunes, 50 g rotes Modelliermarzipan*
*1 Msp. Maisstärke*
*20 g Eiweißspritzglasur (Rezept Seite 11)*

## Werkzeuge

*scharfes, spitzes Messer*
*Palettenmesser, Tortenscheibe*
*Palette, Rollholz*
*Pinsel, Haarsieb*
*kleiner Löffel, Papierspritztütchen*
*Spritzbeutel mit Lochtülle*

1 Den Biskuitboden zu einem Achteck schneiden und zweimal waagerecht durchschneiden. Zwischen die Lagen Buttercreme füllen und den Biskuitboden vollständig mit Buttercreme bestreichen. Die Torte 30 Minuten kalt stellen.

2 Den Tortenrand mit Zuckerperlen dekorieren.

3 Von dem gelben Modelliermarzipan 50 g etwa 2 mm dünn ausrollen und auf die Mitte der Tortenoberfläche legen. Die Marzipanscheibe dünn mit Maisstärke bestreuen.

4 Braunes Modelliermarzipan 2 mm dünn ausrollen, auf die Torte legen und am Tortenrand abschneiden.

5 In die Mitte der Torte in Richtung Ecken ein Kreuz schneiden. Die Spitzen des Marzipans vorsichtig anheben und nach außen rollen.

6 Maisstärke und Schnitte auf dem gelben Marzipan mit dem Finger verwischen.

7 Für die Rüschen gelbes und rotes Marzipan 1 mm dünn ausrollen und in 2 cm breite Streifen schneiden. Aus den Streifen Rüschen formen und in die Mitte der Torte legen.

8 Aus gelbem Modelliermarzipan Rumpf und Kopf formen. Die Augenhöhlen mit dem Ende des Pinsels eindrücken. Kopf und Rumpf aufeinander setzen und einen Tag trocknen lassen.

9 Für die Arme und Hände 20 g rotes Modelliermarzipan halbieren, zu Tropfen formen und platt drücken. Mit dem Ende des Pinsels Fingernägel eindrücken und die Finger mit dem Messer einritzen. Die Arme mit Eiweißspritzglasur ankleben.

10 Für Haare, Ohren und Nase aus rotem Modelliermarzipan zwei kleine und zwei etwas größere Kügelchen formen. Eines der größeren Kügelchen durch ein Haarsieb drücken. Als Haare aufsetzen. Das andere Kügelchen als Nase ankleben. Die zwei kleineren Kügelchen mit dem Ende des kleinen Löffels eindrücken und als Ohren ankleben.

11 Für den Schal und die Schnüre das restliche rote und gelbe Marzipan grob verkneten und zu einer größeren und einer kleineren Rolle formen. Diese an den Enden zuspitzen. Die kleinere Rolle als Schal um den Hals legen, die größere halbieren und dekorativ vor die Springfigur platzieren.

12 Die Augenhöhlen mit Eiweißspritzglasur ausfüllen.

13 Den Rest der Buttercreme in den Spritzbeutel mit Lochtülle füllen und auf den Tortenrand Tupfen setzen. Diese mit Zuckerperlen garnieren.

# Bananenstaude

## Zutaten

*1 Bananenstaude*
*1 heller Biskuitboden von 24 cm Durchmesser, 5 cm hoch (Rezept Seite 8)*
*500 g Bananenbuttercreme (Rezept Seite 10)*
*300 g gelbes Modelliermarzipan (Rezept Seite 11)*
*10 g dunkles Kakaopulver*
*10 ml Wasser*
*grüne Lebensmittelfarbe*

## Werkzeuge

*scharfes, spitzes Messer*
*Palettenmesser*
*Tortenscheibe*
*Palette*
*Rollholz*
*Backpinsel*
*Zeichenpinsel*

1 Die Bananenstaude auf den Biskuitboden legen und diesen danach ausschneiden. Den Formbiskuitboden waagerecht durchschneiden, die erste Lage mit Buttercreme bestreichen und die zweite Lage auflegen.

2 Den Biskuitboden vollständig mit Buttercreme bestreichen und möglichst die Form einer Bananenstaude erreichen. Die Torte 30 Minuten kalt stellen.

3 Gelbes Modelliermarzipan etwa 2 bis 3 mm dünn ausrollen und die Torte damit verkleiden. Die Umhüllung mit den Händen glatt streichen und versuchen, die Staudenform zu modellieren. Das überstehende Marzipan abschneiden.

4 Kakaopulver mit Wasser vermischen und mit dem Backpinsel die Bananen am Anfang und Ende bemalen. Mit dem Zeichenpinsel die Kanten nachziehen.

5 Mit einer kleinen Menge verdünnter grüner Lebensmittelfarbe die Vertiefungen zeichnen.

Bananenstaude

Bananenstaude

# Bienenstock

## Zutaten

*1 Boden Schokoladenbiskuit von 24 cm Durchmesser, 5 cm hoch (Rezept Seite 8)*
*750 g Honigbuttercreme (Rezept Seite 10)*
*85 g Marzipanrohmasse (gesamt), davon herstellen (Rezept Seite 11):*
*40 g braunes Modelliermarzipan*
*30 g gelbes Modelliermarzipan*
*15 g neutrales Modelliermarzipan*
*10 g Milchkuvertüre*
*1 Tüte Zuckerperlen*

## Werkzeuge

*Palettenmesser*
*runde, bauchige Teig- oder Salatschüssel, 20 cm Durchmesser, 15 cm tief*
*Klarsichtfolie, Tortenscheibe*
*scharfes, spitzes Messer*
*Palette*
*Spritzbeutel mit Lochtülle*
*Rollholz, Papierspritztütchen*
*kleines rundes Ausstechförmchen*

1 Den Biskuitboden viermal waagerecht durchschneiden.

2 Die Schüssel von innen leicht mit Wasser befeuchten und mit Klarsichtfolie auskleiden.

3 Eine Biskuitlage bis zur Mitte einschneiden und überlappend in die Schüssel geben, mit der Palette Buttercreme aufstreichen. Die nächste Biskuitlage einschneiden, auflegen usw. Bevor die letzte Lage Biskuit aufgelegt wird, die Creme-Oberfläche glatt streichen. Den überstehenden Rand der letzten Lage rundherum abschneiden.

4 Die Torte 30 Minuten kalt stellen, dann vorsichtig mit der Klarsichtfolie aus der Schüssel ziehen und auf eine Tortenscheibe legen.

5 Buttercreme in den Spritzbeutel mit Lochtülle füllen und von unten nach oben die Torte ringförmig mit der Buttercreme einkleiden.

6 Für das Tor 20 g braunes Modelliermarzipan 2 mm dünn ausrollen und ein Rechteck von der Größe 6 cm x 10 cm ausschneiden. Die schmaleren Enden mit dem Messer abrunden und ein Stück von 3 cm abschneiden. Das Marzipan einen Tag trocknen lassen, damit es fest wird.

7 Für die Bienen braunes Modelliermarzipan in drei gleiche Stücke teilen und zu beidseitig spitz zulaufenden Rümpfen formen.

8 Gelbes Modelliermarzipan zu einer langen dünnen Schnur rollen und davon neun Stücke von je 4 cm Länge schneiden. Jeweils drei Stücke um einen Rumpf wickeln.

9 Milchkuvertüre im Wasserbad auflösen und mit dem Papierspritztütchen die Augen der Biene aufspritzen.

10 Für die Flügel neutrales Modelliermarzipan 1 mm dünn ausrollen und mit dem kleinsten runden Ausstechförmchen 6 Scheiben ausstechen. Die Scheiben mit dem Papierspritztütchen am Rand mit Milchkuvertüre betupfen und Streifen durch die Mitte ziehen.

11 Die Bienenrümpfe auf der Torte verteilen und die angetrockneten Flügel links und rechts daneben setzen.

12 Für das Tor das größere Stück des angetrockneten braunen Marzipans auflegen und mit der restlichen gelben Schnur umranden. Das kleinere Stück braunen Marzipans als Rampe darunterstecken.

13 Die Torte mit Zuckerperlen bestreuen.

# Igel

## Zutaten

*1 heller Biskuitboden von 24 cm Durchmesser, 5 cm hoch (Rezept Seite 8)*
*700 g Schokoladenbuttercreme (Rezept Seite 10)*
*350 g Marzipanrohmasse (gesamt), davon herstellen (Rezept Seite 11):*
*300 g neutrales Modelliermarzipan*
*40 g braunes Modelliermarzipan*
*10 g rosa Modelliermarzipan*

## Werkzeuge

*scharfes, spitzes Messer*
*Palettenmesser*
*Tortenscheibe, Palette*
*Tafelmesser, Haarsieb*
*Spritzbeutel mit Lochtülle*
*runde Ausstechförmchen, 2 cm und 6 cm Durchmesser*
*alter Kugelschreiber*
*Spritzbeutel mit runder Lochtülle (5 mm)*

1 Den Biskuitboden vorsichtig oval ausschneiden und durch gleichmäßiges Abschneiden und Abrunden nach oben wie auf dem Foto die Form eines Igels bilden. Den Formbiskuitboden zweimal waagerecht durchschneiden.

2 Zwischen die Lagen Buttercreme füllen und die Torte vollständig damit bestreichen. Eventuell oben noch etwas Buttercreme aufformen, um die halbeiförmige Gestalt zu erreichen. Die Torte 30 Minuten kalt stellen. An der spitzeren kurzen Seite ein etwa 4 cm großes Stück Biskuit für den Nasenansatz abschneiden.

3 Die Hälfte des neutralen Marzipans 2 bis 3 mm dünn ausrollen und die Torte damit umhüllen. Überstehendes Marzipan abschneiden.

4 Für die Nase aus der anderen Hälfte des neutralen Marzipans eine spitze, leicht nach oben gebogene Nase modellieren und die hohe Seite für den Rumpfansatz abschneiden. Mit dem Messerrücken fünfmal quer und darunter beidseitig längs Nasenfalten eindrücken.

5 Für die Haare die Hälfte des braunen Marzipans durch ein Haarsieb drücken, vorsichtig abnehmen und auf die Torte legen.

6 Für die Augen einen kleinen Teil des braunen Marzipans und etwas neutrales Marzipan verkneten, um einen helleren Farbton zu erreichen. Das braune Marzipan in beiden Farbtönen 2 bis 3 mm dünn ausrollen und mit dem Ausstechförmchen (6 cm Durchmesser) je zweimal ausstechen. Aus der helleren Scheibe Halbmonde ausstechen und auf der Torte platzieren. Den Rest des neutralen Marzipans ausrollen, zwei Kreise (2 cm) rund ausstechen und auf die Scheiben legen. Die dunklen Marzipanscheiben mit dem Messer halbieren und bündig auf die hellen Scheiben legen. Das restliche dunkle Marzipan zu zwei kleinen Kugeln und zwei Rollen formen. Diese als Pupillen und Augenbrauen auflegen.

7 Für die Nasenspitze aus rosa Marzipan eine Kugel formen, mit der Spitze des Kugelschreibers Nasenlöcher eindrücken und auf das Nasenende setzen. Die Nase an den Rumpf setzen.

8 Für die Füße den Rest des braunen Marzipans halbieren und zu Tropfen modellieren. Auf einer glatten Fläche platt drücken, mit dem Messer Krallen einkerben und als Füße vorne an den Igel setzen.

9 Die restliche Buttercreme in einen Spritzbeutel mit runder Lochtülle füllen und die Stacheln aufspritzen.

# Puppe

## Zutaten

*1 Boden Schokoladenbiskuit von 24 cm Durchmesser, 5 cm hoch (Rezept Seite 8)*
*600 g Buttercreme (Rezept Seite 9)*
*750 g Marzipanrohmasse (gesamt), davon herstellen (Rezept Seite 11):*
*250 g gelbes Modelliermarzipan*
*350 g neutrales Modelliermarzipan*
*150 g rotes Modelliermarzipan*
*1 Päckchen Goldperlen*
*50 g Milchkuvertüre*

## Werkzeuge

*Palettenmesser*
*runde, bauchige Teig- oder Salatschüssel, 20 cm Durchmesser, 15 cm tief*
*Klarsichtfolie, Palette*
*Tortenscheibe, Rollholz*
*runde Ausstechförmchen, 3 cm und 6 cm Durchmesser, Papierspritztütchen*
*scharfes, spitzes Messer*

1 Die Schüssel von innen leicht mit Wasser befeuchten und mit Klarsichtfolie auskleiden. Die Torte in der Schüssel wie auf Seite 78 beschrieben formen (Spezialtorten – formen und verkleiden). Die Torte 30 Minuten kalt stellen, vorsichtig mit der Klarsichtfolie aus der Schüssel ziehen und auf eine Tortenscheibe legen.

2 Für den Rock 250 g gelbes und 100 g neutrales Marzipan leicht verkneten und 2 mm dünn ausrollen. Das Marzipan in 18 Streifen einteilen, die etwa 3 cm breit sind. Waagerecht dazu zwei Dreiecke mit der unteren Länge von 12 cm schneiden. So entstehen zweimal neun Streifen. Jeweils vorne und hinten den längsten Streifen leicht gebogen unten an die Torte ansetzen. Dann jeweils einen kürzeren Streifen 1 cm überlappend nach oben hin anlegen.

3 Neutrales Modelliermarzipan ausrollen und zwei Rechtecke in der Größe von 16 cm x 6 cm ausschneiden. An jede Seite ein Rechteck von oben nach unten bündig zwischen die vordere und hintere Rockseite setzen.

4 Rotes Modelliermarzipan ausrollen und mit dem Ausstechförmchen (3 cm Durchmesser) 26 Kreise ausstechen. Die Scheiben ankräuseln und von unten nach oben an die Schnittkanten der Rockseiten kleben. Noch freie Stellen mit glatten Scheiben bekleben.

5 Für den Puppenrumpf 150 g neutrales Modelliermarzipan zu einem Körper formen. Kopf und Brust als Kugeln anbringen. Für das Puppenkleid gelbes Modelliermarzipan 1 mm dünn ausrollen und die Puppe damit verkleiden. Vorne mit dem Messer einen Ausschnitt ausschneiden. Das Kleid in der Mitte einkerben. Für die Arme neutrales Modelliermarzipan zu einer 1/2 cm dünnen Rolle formen, sie halbieren und jeweils an den Schultern ansetzen.

6 Für den Kragen aus ausgerolltem roten Marzipan zwei Rechtecke von 3 cm x 4 cm ausschneiden und auf die Schultern legen. Aus dem ausgerollten gelben Marzipan ein Rechteck in der Größe von 6 cm x 8 cm ausschneiden und als Halskrause befestigen.

7 Für die Haare aus gelbem Modelliermarzipan fünf längliche Tropfen formen, leicht einkerben und als Frisur auflegen. Für den Mund ein winziges Röllchen aus rotem Marzipan aufdrücken. Für die Augen Goldperlen verwenden.

8 Die Kuvertüre im Wasserbad auflösen, in ein Papierspritztütchen füllen und damit die restlichen Schnittkanten des Rocks kaschieren. Die Zierstreifen mit Goldperlen dekorieren.

# Lokomotive

## Zutaten

*2 Biskuitböden von 24 cm Durchmesser, 5 cm hoch (Rezept Seite 8)*
*600 g Buttercreme gesamt (Rezept Seite 9), davon herstellen:*
*100 g Schokoladenbuttercreme (Rezept Seite 10)*
*470 g Marzipanrohmasse (gesamt), davon herstellen (Rezept Seite 11):*
*300 g braunes, 150 g neutrales, 10 g rotes, 10 g rosa Modelliermarzipan*
*Mini-M+Ms, einige Goldperlen*
*50 g Milchkuvertüre*

## Werkzeuge

*Palettenmesser*
*scharfes, spitzes Messer*
*Palette, Tortenscheibe*
*Rollholz, Pinsel*
*Spritzbeutel mit Lochtülle*
*kleiner Löffel, 2 Papierspritztütchen*

1 Die Biskuitböden zweimal waagerecht durchschneiden und in folgende Rechtecke und Quadrate schneiden:
1 Rechteck 10 cm x 20 cm
2 Rechtecke 5 cm x 20 cm
2 Quadrate 10 cm x 10 cm

2 Alle Teile mit heller Buttercreme bestreichen und ein 5 cm x 20 cm großes Rechteck zu einer Rolle formen. Die Quadrate aufeinanderlegen. Alles zusammen 30 Minuten kalt stellen.

3 Braunes Modelliermarzipan 1 mm dünn ausrollen und die Rechtecke damit umhüllen. Das 5 cm x 20 cm große Rechteck auf eine Tortenscheibe legen und das Rechteck in der Größe von 10 cm x 20 cm mittig darüber legen. Die Quadrate mit braunem Modelliermarzipan umhüllen und bündig auf eine Seite legen.

4 Neutrales Marzipan ausrollen. Damit die Biskuitrolle umhüllen und vor die Quadrate setzen. So entsteht die Grundform der Lokomotive.

5 Braunes Modelliermarzipan etwas dunkler färben und einen Schornstein modellieren. Rotes Modelliermarzipan zu einer Schnur formen und oben um den Schornstein legen.

6 Für die Nase rosa Modelliermarzipan zu einer Kugel formen und mit dem Stiel des Pinsels Nasenlöcher eindrücken. Die Nase vorne auf die Rolle kleben.

7 Die restliche weiße Buttercreme in den Spritzbeutel mit Lochtülle füllen und auf die Kanten der Quadrate spritzen. Außerdem rechts und links neben die Rolle je einen Streifen spritzen. Anschließend auf die Rolle vor den Quadraten Tupfen setzen. Vorne an die Lokomotive noch zwei Tupfen als Lampen aufspritzen.

8 Die Schokoladenbuttercreme in den Spritzbeutel mit Lochtülle füllen und unter das große überstehende Rechteck auf beiden Seiten je vier Räder spritzen. An den Seiten der Quadrate Tupfen aufsetzen. Die Lok hinter dem Schornstein mit zwei großen Tupfen dekorieren.

9 Die weißen Tupfen und oben die weiße Buttercreme mit Mini-M+Ms verzieren.

10 Auf die Lampen zwei gelbe Mini-M+Ms anbringen und auf die Enden der weißen Buttercremestreifen noch zwei braune setzen.

11 Die Räder und die beiden kleinen Schornsteine mit Goldperlen dekorieren.

12 Die Milchkuvertüre im Wasserbad schmelzen und in ein Papierspritztütchen füllen. Vorne auf die Rolle ein Gesicht malen und es umranden.

# Poltergeist

## Zutaten

*1 heller Biskuitboden von 24 cm Durchmesser,*
*5 cm hoch (Rezept Seite 8)*
*600 g Buttercreme (Rezept Seite 9)*
*340 g Marzipanrohmasse (gesamt),*
*davon herstellen (Rezept Seite 11):*
*250 g neutrales Modelliermarzipan*
*50 g blaues Modelliermarzipan*
*30 g rosa Modelliermarzipan*
*10 g braunes Modelliermarzipan*
*1 Päckchen Zuckerperlen*
*20 g dunkle Kuvertüre*
*20 g weiße Kuvertüre*

## Werkzeuge

*scharfes, spitzes Messer*
*Palettenmesser*
*Tortenscheibe*
*Palette*
*Dessertschüssel, ca. 12 cm Durchmesser*
*Wasserglas, ca. 7 cm Durchmesser*
*Sektglas, ca. 5 cm Durchmesser*
*Rollholz*
*Spritzbeutel mit Lochtülle, 1 cm Durchmesser*
*2 Papierspritztütchen*
*kleiner Löffel*

## Tipp

Sie erleichtern sich die Arbeit, wenn Sie sich für die wolkenartige Grundform des Biskuitbodens eine Schablone erstellen.

1 Den Biskuitboden in Form einer Wolke ausschneiden, ihn waagerecht durchschneiden und die erste Lage mit Buttercreme bestreichen.

2 Aus der zweiten Lage mit den verschiedenen Ausstechformen je eine Scheibe ausstechen und entsprechend der Größe auf die erste Lage legen. Die Torte rundum glatt mit Buttercreme bestreichen und 30 Minuten kalt stellen.

3 Neutrales und blaues Modelliermarzipan so verkneten, dass ein Marmoreffekt entsteht. Das Marzipan 2 bis 3 mm dünn ausrollen. Die Torte damit verkleiden und überstehendes Marzipan abschneiden.

4 Die restliche Buttercreme mit dem Spritzbeutel mit Lochtülle an den unteren Tortenrand spritzen und mit Zuckerperlen bekleben.

5 Für die Augen und den Mund dunkle und weiße Kuvertüre im Wasserbad schmelzen und jeweils wie auf dem Foto gezeigt mit den Papierspritztütchen die Augen und den Mund zeichnen.

6 Für die Nase aus rosa Modelliermarzipan eine Kugel formen, mit dem Stiel des kleinen Löffels Nasenlöcher eindrücken und auf die Torte legen.

7 Für die Ohren das braune Modelliermarzipan halbieren, zu zwei gleichen Kugeln formen und als Ohren auf der Torte platzieren.

## Papierspritztütchen

1 Ein Rechteck aus Backpapier (20 x 40 cm Seitenlänge) in zwei Dreiecke schneiden.

2 Das Dreieck tütenförmig von der kurzen zur langen Papierseite hin einrollen.

3 Zur Stabilisierung des Papierspritztütchens überstehendes Papier nach innen falten.

4 Flüssige Kuvertüre bis zur Hälfte des Tütchens einfüllen. Papierspritztütchen entgegengesetzt zur Naht verschließen.

5 Papierspritztütchen je nach Bedarf an der Spitze abschneiden.

## Eiweißspritzglasur

*Zutaten*
*1 Eiweiß*
*60 g Puderzucker*

Den Puderzucker durch ein Sieb streichen. Anschließend mit einem Schneebesen in das Eiweiß einrühren

### Tipp

Die Konsistenz der Spritzglasur hängt von der Menge des eingerührten Puderzuckers ab. Eiweiß und Puderzucker zu gleichen Teilen verrührt, ergibt eine Glasur zum Übergießen. Eiweiß und Zucker im Verhältnis 1:2 vermischt, eignet sich zum Beschriften und Dekorieren von Kuchen und Torten. Fügt man der Mischung einen Schuss Zitronensaft hinzu, erhält die Glasur einen schönen Glanz.

1

2

3

4

5

### Tipp

Bevor Sie auf der Torte loslegen, sollten Sie ein paar Schreibproben auf einem Holzbrettchen durchführen.

## Verarbeitung von Kuvertüre und Schokolade

1 Kuvertüre oder Schokolade fein hacken.

2 Wasserbad: Topf zu einem Drittel mit Wasser füllen und auf ca. 60 °C erhitzen.

3 Den Topf vom Herd nehmen und eine passende Metallrührschüssel einsetzen.

4 Etwa 4/5 der gehackten Kuvertüre oder Schokolade in die Schüssel geben und schmelzen lassen.

5 Anschließend die Metallschüssel mit der aufgelösten Kuvertüre oder Schokolade aus dem Wasserbad nehmen. Den Rest der Kuvertüre oder Schokolade einrühren, bis sie vollständig aufgelöst ist. Bei Bedarf, Masse nochmals im Wasserbad erwärmen (max. 5 Minuten).

## Schokoladendekor

1 Backblech umdrehen, Boden leicht mit Wasser befeuchten und mit Klarsichtfolie überziehen.

2 Mit einem Papierspritztütchen Muster nach Wahl aufspritzen und fest werden lassen.

3 Anschließend mit der Palette andersfarbige Kuvertüre über die ganze Fläche auftragen. Das Ganze am besten im Kühlschrank fest werden lassen.

4 Folie vom Boden des Backblechs vorsichtig abheben und das Dekor nach Bedarf brechen.

### Tipp

Die optimale Verarbeitungstemperatur für Kuvertüre oder Schokolade liegt etwa bei Körpertemperatur (37–38 °C). Mit einem einfachen Test können Sie die Temperatur prüfen: Tauchen Sie einen Holzlöffel in die warme Masse und berühren Sie damit – vorsichtig – Ihre Unterlippe. Wenn Sie keinen Temperaturunterschied feststellen können, hat die Masse die ideale Temperatur zur Weiterverarbeitung. Während des Lösungsprozesses sollte die Kuvertüre bzw. Schokolade ständig mit einem Holzlöffel leicht gerührt werden.

1

2

3

## Spezialtorten – formen und verkleiden

1 Den Biskuitboden viermal waagerecht durchschneiden.

2 Eine runde, bauchige Teig- oder Salatschüssel innen leicht mit Wasser befeuchten und mit Klarsichtfolie auskleiden.

3 Eine Biskuitlage bis zur Mitte einschneiden und überlappend in die Schüssel legen. Leicht andrücken. Mit einer Palette Buttercreme aufstreichen. Die nächste Biskuitlage einschneiden, auflegen usw.

4 Bevor die letzte Lage Biskuit aufgelegt wird, die Cremeoberfläche glatt streichen. Den überstehenden Rand der letzten Lage mit einem scharfen Messer rundherum abschneiden.

5 Anschließend die Torte 30 Minuten kalt stellen. Dann vorsichtig mit der Klarsichtfolie aus der Schüssel heben, auf eine Tortenscheibe legen und dünn mit Buttercreme bestreichen.

6 Neutrales Modelliermarzipan 2 bis 3 mm dünn ausrollen und die ganze Torte damit verkleiden. Die Umhüllung vorsichtig mit der Handfläche glätten und überstehendes Marzipan abschneiden.

1

2

3

4

5

6

# Rezeptregister


## A

Aprikosenbuttercreme 10

## B

Bananenbuttercreme 10
Bananenstaude 64
Baumtorte 46
Bienenstock 67
Biskuitboden, heller 8
Buttercreme 9

## C

Canache 11
Clown 29
Colorado Spezial 54
Coloradotorte 17

## D

Drachen 39

## E

Eiweißspritzglasur 11, 76
Erdbeerbuttercreme 9

## F

Fußball 36

## G

Glückwunschbrief 57
Gummibärchentorte 18

## H

Haus 58
Heller Biskuitboden 8
Honigbuttercreme 10

## I

Igel 68

## K

Karottenbiskuit 9
Kokosbuttercreme 9
Kuvertüre, Verarbeitung 77

## L

Lokomotive 72

## M

Marienkäfer 51
Modelliermarzipan 11
Mohrenköpfe 49

## N

Namentorte 33
Negerkusstorte 14

## O

Obsttorte 20

## P

Papierspritztütchen 76
Pirat 61
Poltergeist 75
Puppe 71

## R

Rüblitorte 24

## S

Schmetterling 44
Schokoladenbiskuit 8
Schokoladenbuttercreme 10
Schokoladendekor 11, 77
Schweinchentorte 26
Springteufel 62

## T

Tropfentorte 43

## U

Uhrtorte 30

## W

Waldmeisterbuttercreme 10

## Z

Zahlenformtorte 40
Zahlentorte 23

Impressum

## Die Autoren

**Barbara Lutterbeck** ist freiberufliche Fotografin und Autorin. Sie ist spezialisiert auf Still-Life- und Foodfotografie. Nach beruflichen Jahren in London betreibt sie ein Fotostudio in Köln.

**Stephan Bollig,** Konditormeister aus Köln, war Chefpatissier im Hotel Hyatt Regency Köln. Zur Zeit arbeitet er als freier Dekor-Artist.

**Dank**
Ein herzliches Dankeschön für die Unterstützung sagen wir den folgenden Firmen:
Leifheit, Nassau/Lahn
Haribo, Bonn
Schwartau, Bad Schwartau



Weltbild Buchverlag


Coverfoto: Barbara Lutterbeck, Köln
Einbandgestaltung: Robert Gigler, München
Fotografie und Styling: Barbara Lutterbeck, Köln
Layout und Satz:
BuchHaus Robert Gigler GmbH, München
Lithoarbeiten:
Repro Ludwig, Zell am See (Österreich)
Druck und Bindung: Druckerei Appl, Wemding

Gedruckt auf chlorfrei gebleichtem Papier

Printed in Germany

ISBN 3-89604-268-6